AF451967

Promenade avec Gabrièlle

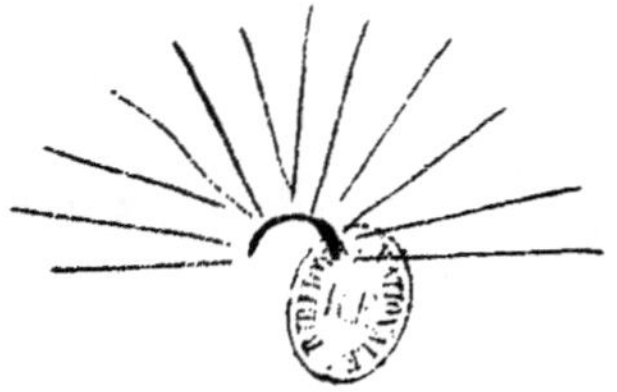

2

N° 293626

PROMENADE
AVEC GABRIELLE

manuscrit de
JEAN GIRAUDOUX

illustré de seize lithographies en couleurs
par
J.-E. LABOUREUR

PARIS, 1919
ÉDITIONS DE LA NOUVELLE REVUE FRANÇAISE
3, RUE DE GRENELLE

Quel soleil ! Paris est la seule ville
de France où une affiche ne dise pas
merci à l'automobiliste qui sort,
mais nous n'en étions pas froissés.
Quel soleil ! Nous ne pouvions nous
regarder sans nous sourire. Le ciel
était plein de pinsons, d'hirondelles
et feuilles. Nous avions dans le ciel
le maximum de ce qu'il peut conte-

Promenade

nir en été. Quand l'auto effleurait
une carriole dont le conducteur re-
montait pour nous insulter jusqu'à nos ancêtres, quand la sirène
effrayait un enfant, ou, suprême
joie, un soldat; quand un heurt
nous annonçait que le ruisseau de
cette vallée, que le caniveau de ce
bourg était franchi; nous nous
regardions et nous souriions. Une
poule, dix poules nous crurent
une minute acharnés à les poursuivre.
Quelles folles que les poules! Que de
bonds stupides! Que d'accidents si on
les attelait! Leur angoisse nous emplit
de joie. Un chat effleuré par la roue fit
de côté un écart formidable. Gabrielle
éclata de rire et me prit la main.
— Quel soleil! Où allons-nous?
— Devant nous! Quel soleil!

avec Gabrielle.

Nous allions devant nous, derrière ces
forêts éparses qui peu à peu se grou-
paient, derrière à ciel transparent. Nous
allions tenter de passer à toute vitesse
entre ces deux clochers sur la colline.
Nous allions là d'où venaient ces cerises
sur ces brouettes, ces bicyclistes avec des
agneaux bêlants sur leurs guidons,
cette automobile chargée d'hortensias;
vers ce pays où chaque mode de trans-
port avait trouvé enfin sa vraie
raison, — devant nous en un mot;
nous n'avions pas une minute à
perdre.

Assis dos au chauffeur, Franken, notre
chaperon, qui allait, pauvre Franken,
droit derrière elle, et qui pensait, vou-
lut enfin dire cette pensée:
— Quel soleil!
J'éclatai de rire. Gabrielle m'imita. Nous

regardions, moqueurs, Frauhon installé.
Nous employions notre plus déminée ma-
lice à intimider ce visage que l'âge
et les malheurs les plus affreux, — un
fiancé voilà trente ans brûlé vif, un
père écrasé par un marteau pilon, — a-
vaient laissé insignifiant. Puis, se
détournant de Frauhon, nos yeux se
rencontrèrent des yeux éclatants, mais...

tants. Fraülein avait trouvé le mot
juste : Quel soleil !
Les chaussées étincelaient, les étangs
luisaient. Un vrai rayon tenait en laisse
chaque tache dorée, chaque pierre, chaque
fleur vernie. C'était le jour le plus long
de l'année, le jour où le soleil parvient
à effleurer la terre même. De vrais rayons
mouraient sur nous, nous sentions sur

Promenade

nos genoux sur nos cheveux leur flèche
émoussée Inutile d'étendre la main
pour savoir s'il faisait beau, nos
mains oisives étaient ensoleillées.
Sur les villages, les châteaux, la lumière
contournait les toits, rongeait les fenêtres,
laissait moins que n'eût laissé un
incendie. On oublie que le soleil réchauffe.
notre chair était tiède, nos vêtements
brûlaient. Un peu perdu seulement, un
peu seul, le soleil lui même, dans tout
cet éclat; et notre cœur aussi était
diffus en nous. Comme des milliards
de petits cœurs nous rendent moins
lourds qu'un seul cœur! Enfin nous
étions sans poids, sans chaînes... —
à part cette oppression dans notre poitrine,
à la place vide sans doute.
Nous traversions à toute allure cette ceinture vague de Paris sur laquelle nulle

avec Gabrielle.

saison ne prend. Sur les terrains de sport,
des clubmen en veston et en culottes
blanches s'envoyaient du pied ou des
têtes un ballon tout rond, les bras immobiles, comme si la paralysie ou l'im-
perfection commençait son ravage aux
portes même de Paris. De petits tram-
ways jaunes que nous rattrapions glis-
saient à rebours dans notre âme, la rap-
pant de tous leurs visages, comme de
leur barbe ces épis qu'on glisse dans
votre manche. Nous longions des rangées
de petits chalets neufs qui avaient
aux fenêtres leurs premiers rideaux, où
le pendons la première femme sur les
habits. Le chien était plus vieux que
la maison, les oiseaux sur les arbres. Une
église barrait la route. Avisés nous con-
tournions l'église. Une colline se tenant,
s'enflait, nous la gravissions si votre feu

le temps leur manquait de devenir montagnes.
Mais nous laissions à loisir se courber,
fléchir, la vallée où maintenant se re-
trouvaient, se côtoyaient, la route, la voie
ferrée et la rivière. Elles s'entendaient,
dociles, pour passer toutes trois sur le
même pont, paresseuses. Elles s'enhardissaient
éclatantes, transparentes, elles s'écartaient dé-
daigneusement cette longue allée de tilleuls

qu'amenait vers Paris, par un acqueduc
d'ombre, la fraîcheur de la forêt. Les trains
sifflaient aux chalands : — Vous allez moins
vite, mais plus sûrement. — Vous êtes le
chemin qui marche, disait la route à la
rivière. La rivière répondait : — Nous marchons
si peu, si peu ! Nous sommes surtout pro-
fondes, nous pensons. Voyez sur notre berge
cet homme grave, avec le grand chapeau

Promenade

de paille, le bambou. Gloire aux penseurs!

Un empiètement. Le rouleau à vapeur,
doux monstre apprivoisé, essayait par des
rugissements d'arrêter et de se gagner notre
voiture sauvage. Nous longions des parcs, des
bois. Au bout des avenues, le château s'ouvrait avec ses doubles ailes comme un éven-
tail, claquait, se fermait. Nous dépassions
un portail où flottait le drapeau, nous li-
sions l'enseigne d'or: c'était l'asile national
des convalescents; nous nous étions toujours
doutés que la convalescence était une af-
faire nationale, — et l'adolescence, et
l'insolence. Tous les pensionnaires, de la
porte, de la cour, nous observaient, sym-
pathiques ou défiants, selon qu'ils nous
prenaient pour d'anciens et de futurs
convalescents. Le chauffeur faillit écraser
un vieillard, qui faisait d'immenses en-
jambées, mais avec lenteur, appuyé

avec Gabrielle.

sur deux béquilles, une canne en plus
sous chaque bras : ce n'est pas marcher qui
est difficile, c'est se tenir debout. Frauken profita de l'incident.
— Quelle belle fleur que la rose ! dit elle
soudain, alors qu'aucune rose n'était
en vue, et qu'il y avait justement des
raisons de dire : quelle belle fleur que
la balsamine, que le zinnia. Attristée
de nos moqueries, elle se lamenta.
— Vous me détestez, dit elle, vous avez un
secret à propos du temps. Vous riez
chaque fois que j'en parle.
La détester ? Ne pas songer en mourant,
l'émoi dans l'âme, à son fiancé rôti,
à son père décapité, par ce soleil ! Nous
t'aimions, Frauken, qui sais toutes les
langues, qui peux chaperonner un fiancé
allemand et sa fiancée polonaise. Mais
qui ignores le mal, et permets tout.

— Puis je prendre les mains de Gabrielle, Francken ?

— Mais, monsieur Nimos, pourquoi pas ?

— Puis je lui dire un mot à l'oreille ! Est-ce mal ?

— Parlez tout haut ! Je me bouche les oreilles.

— Tournez vous, Francken ! Je veux presser Gabrielle sur mon cœur, sur ma poitrine.

— Votre cœur ! Votre poitrine !

Mais, malgré elle, elle s'était tournée. Nous prenions chacun une de ses mains pour la ramener face à nous. Son bavardage nous gênait si peu! Nous laissions son cerveau modeste, comme une montre qu'on fait sonner, nous indiquer en gros ce que nous aurions pensé, si la pensée ne nous avait point trahis.

— Comme il est bon de ne pas parler!

Promenade

disait-elle. Quel délice aussi d'être seuls!
si seuls!

Elle indiquait aussi la vraie heure.
Nous ne pensions pas, nous ne parlions
pas. Indolents, dès que l'ombre d'un
sentiment apparaissait; plutôt que de
nous fatiguer à lui mesurer sa part
exacte, nous nous accordions le sentiment entier. Au moindre virage nous
fermions les yeux, nous nous aban-
donnions. Au moindre dos d'âne, nous
nous regardions en fronçant le sourcil,
en rentrant la tête, nous attendions la
culbute et la mort. La moindre perspec-
tive sur la vallée nous donnant l'amour
subtil et infini des peintres, ou la pein-
ture; le moindre mur des architectes, ou
notre amie l'architecture. La moindre
source, le moindre anneau nous délé-
guant sa nymphe ou sa dryade. Quel

avec Gabrielle.

soleil! Tous les atomes des joies, des
modes, des douleurs inconnues dont
vivront nos fils dans mille ans
étaient aujourd'hui dans l'air. Nous
devinions les futures sonates, les poèmes
futurs, un soleil futur, bleu, tout rouge.
Un vent léger se ... les grands arbres,
aux fûts courbés vers le sud par l'A-
quilon et immobiles sous sa menace,
accordaient hypocritement toutes leurs
feuilles au zéphir. Un couple d'amoureux
regarda la voiture avec défi; y découvrit
plus amoureux que lui, s'attrista. Puis
il y eut l'épisode du général que l'on
... sur l'accôtement de cailloux à son
..., l'atteignit à la tête, le fit hurler.
De grands machines battaient la terre;
on pensait à ... fleur de l'art, de
... Puis l'auto abandonna la route
de hâlage, tourna à angle droit vers une

forêt, monta, ne fut plus à la remorque
que d'un talon, et, dans une clairière
inondée de lumière, s'arrêta. Franka
descendit la première, ensoleillée jusqu'à la ceinture; nous pouvions la
suivre, on avait pied.

Gabrielle s'élança dans le fourré;
je la poursuivis. J'avais les vêtements,
le col, les souliers où je me sentais le plus

à l'aise à reconnaître la rôti, l'ombelle qu'ils préfèrent. Nous étions enveloppés par les couleurs que nous aurions choisies, le matin; on avait annoncé que la forêt allait nous changer en scarabées, en arbrisseaux. Nous avions la tenue que nous aurions exigée s'il avait fallu pour sauver un ami d'un tyran lunatique, traverser le Niagara sur la corde tendue

Promenade

De quel pas assuré nous foulions cette
terre si large et cette mousse ! Nous
courions, nous n'étions pas hors d'ha-
leine. Nous faisions à pied la course
que les amoureux plus tourmentés
font à cheval. Nous enjambions plus
vite encore les allées, d'un bond, comme s'il pleuvait sur elles. Enfin pa-
rut le plus droit et le plus haut
des chênes de la forêt. De nos quatre
bras nous l'enserrions juste ; c'était le
modèle des chênes qu'à nous deux nous
aurions créés, c'était la forme, amour, de
notre étreinte. Il fallut l'abandonner.
Il fallut porter nos bras énervés. Le rond-
point était proche, avec les murs rasés
d'un pavillon de chasse dont on voyait
encore le plan, avec les portes, les couloirs.
Gabrielle, modeste, s'assit sur le gazon
dans la pièce la plus petite. Jj m'étea-

is près d'elle, tandis que péniblement
nous rejoignant Frauken, qui avait dû
contourner les rochers, remonter à la
source des ruisseaux que nous avons
franchis, qui s'entêtait à appeler
l'écho du nom d'un chien qu'elle
avait jadis perdu, inquiète quand
il se taisait. Entrée par le grand cor-
ridor dans notre château invisible,
elle s'étendit, de son long, pour
moins voir, dans la pièce voisine.

Quel soleil! Le pavillon disparu sem-
blait seulement enfoncé dans la terre,
et nous étions sur la terrasse d'un siècle
élégant et heureux. Nul mouvement,
nulle agitation pour tromper notre joie
nous la sentions grandir en nous, non
sans angoisse. Nous sentions un émoi
s'accroître lentement, comme s'il avait
un cours réglé; nous attendions je ne

sais qu'elle se corrose, qu'elle délivrance,
comme celui qui n'a jamais pleuré,
le jour où il souffre, désire, attend les
pleurs. Nos yeux justement se voilaient:
allait-il en tomber de la neige, du grésil?
Près de nous un ruisseau coulait, bruis-
sonnait, débarrassé de tout le délire. Je l'é-
coutais; ma tête posée sur les genoux de
Gabrielle; bientôt je n'entendis plus

que lui ; je fermai les yeux. La petite
Gabrielle seule connait le geste ou la stupeur
qui termine la joie : je m'endormis.

Une feuille morte, la première feuille
morte de l'année en tombant m'éveilla.
Là-bas un coq chantait et me donna une se-
conde l'inquiétude de l'aube... Mais je
reconnus le soleil; je reconnus le si-
lence, ni Gabrielle ni Francken n'avaient

Promenade

encore prononcé une parole. Sur mes
tempes reposaient encore, casque embau-
mé, [leur?] ne m'avait rendu qu'à moi-
même invisible, les mains jointes de mon
amie. Elle ne me savait pas éveillé, mais
elle sentait fondre le plomb sacré qui
alourdissait ma tête. Ses mains se fai-
saient plus légères. Bientôt elles m'ef-
fleurèrent à peine. J'ouvris les yeux.

J'étais las. J'étais, moi qui avais
dormi, au lendemain du jour joyeux
où Gabrielle vivait encore. J'avais une
nuit d'avance sur elle pour deviner
ou mépriser le bonheur. Elle souriait
d'avoir enfanté ce sommeil que j'avais dû,
comme Frauwen, reprendre à la source. De
son mouchoir elle éventait mon front, ta-
ressait mes cheveux; elle affectait de con-
naître les moindres secrets de cette tête que
je lui avais confiée presque inconnue, la

avec Gabrielle.

tempe droite, doucement inclinée, et ces trois
rides qui disparaissent si je dors. J'avais
l'impression qu'elle m'avait embrassé
pendant mon absence, dérobé pour elle
seule un souvenir, pris dans mon visage
par une caresse, un regard, la parcelle promise
Son nom était gravé sur moi. Je me vengeai.
J'essayai de m'enlaidir, d'effacer le trait
même qu'elle avait choisi, je plissai les
lèvres, je ridai mon front. Mais, hypocrite
ainsi qu'un bon page, pour son maître
amoureux, tenant sellé un cheval blanc
et aussi un cheval noir, elle était toute
prête à servir la tristesse. Je me plaignis
du soleil, elle l'insulta. Les insectes vo-
letaient, affolés de voir le pavillon
habillé à nouveau, elle dit du mal des
moustiques, des fourmis. Je me levai, elle
s'appuya à mon bras, décidée à alourdir
l'heure de mille chagrins, d'eux aussi.

tants, l'alourdissant de son poids même.
Quel appât est la tristesse! Afin de
suivre cet ami mélancolique qu'elle voyait pour la première fois, elle oublia
le courage, la gaieté. Je me vengeai encore.
Par une allée que je connaissais et
qu'elle suivit sans méfiance, une des
vieilles branches s'écartant, je l'amenai
au dessus d'une plaine étincelante: on

voyant le soleil lui-même. Les Trains
sur de grands ponts sifflaient, les
ponts résonnaient. Ainsi, sans consul-
ter la fiancée avec laquelle il s'asphyxie
le fiancé, subitement joyeux, s'élance
vers la fenêtre et l'ouvre toute grande.
Gabrielle me regarda, me vit rire de
sa dignité, comprit, et mit à rire. C'est
ainsi que reprit notre promenade heureuse.

Promenade

Mais Fraülein, au soleil même, découvrit qu'il était cinq heures. Il fallut re-
gagner la voiture au plus vite, par le
village. A travers un village habité par
une peuplade cruelle, si l'on en croyait les
écriteaux. Le chemin de fer passe sans
que la barrière soit fermée. — Le chien est
méchant. Il y a des pièges... Mais les
écriteaux mentaient : le chemin de fer
siffla de plus loin qu'il nous vit, et
il y avait même, suprême attention, une
femme près du chauffeur. Le chien nous
adopta, nous escorta jusqu'à la dernière
maison, et tint à nous protéger active-
ment contre les chats... Les fillettes re-
venaient de l'école, d'un bout du village,
et les garçons, de l'autre bout, comme
si l'on eût dû séparer par tout le bourg
l'instituteur et l'institutrice, trop a-
moureux, trop familiers. Le boucher,

avec Gabrielle

qui songeait déjà au repos, le boulanger,
qui se levait, cherchaient une conversation
agréable à la fois à ceux qui dorment le
jour et à ceux qui dorment la nuit. Les
vieux et les vieilles, désœuvrés dans cette
saison qui n'a pas de restes, pas de feuilles
mortes, pas de noix, pas de chanvre, at-
tendaient seulement, pour rentrer, que
leur ombre, comme le sable d'un sablier,
eût glissé toute entière à leurs pieds.

L'auto partit. Un pneu creva. Comme nous étions en retard, j'aidai le chauffeur. Je lavai mes mains à l'essence.
Je lavai l'essence au ruisseau. Je parfuma
le ruisseau avec le flacon de Gabrielle...
Le soleil n'était plus très haut. Déjà
les Français exilés en Chine ou au
Japon pouvaient l'apercevoir. Coiffé
de nuées, ses rayons rabattus, il mariait
le soir aux armes de l'été. Francken

avait voulu s'asseoir près du chauffeur.
Elle ne se tourna qu'une fois, près de
l'arrêt, de regret que les convalescents eus-
sent attendu notre retour pour se coucher.
Gabrielle était appuyée contre mon épaule,
je voyais l'ombre dans ses yeux pro-
longer à l'infini sa soumission. Je
songeais à ce que je devais être dans son
âme généreuse. Je m'enivrais de cette

idée. Nous bavardions; il fallait, dans
ces moments heureux, offrir à Gabrielle
le même présent qu'à Moloch lui-
même : des êtres vivants. Je lui parlai
d'amies nouveaux, qu'elle ne connais-
sait pas. J'épelai leurs noms; je
décrivis leurs familles. Nous suivions
maintenant à rebours le chemin
parcouru à midi, le côté moussu des

Promenade

arbres, les portes de maisons qui nous avaient paru avoir seulement des fenêtres, le visage de facteurs rentrant de leur tournée. Tout s'explique le soir. Gabrielle était cette fois du côté de la Seine. J'étais du côté de Paris. Chacun de nous remarquait tout haut les plaisirs ou les dangers que l'autre, tantôt, lui avait cachés. Une péniche vide dérivait. Gabrielle la reconnut, c'était le premier bateau rencontré à notre départ. Notre ancien fleuve s'était écoulé et tout ce que nous voyions de la Seine, en amont était d'eau neuve.

Nous allions. Une autre voiture, depuis un moment, nous faisait escorte. Plus vigoureuse, plus rapide, elle ne cherchait point à nous dépasser. Elle s'entêtait à nous suivre, avec l'amitié qui unissait jadis deux corvettes, deux diligences. Elle

avec Gabrielle

s'amusait à nous joindre aux montées,
aux passages à niveau. Les trois enfants,
qu'elle contenait, et le chauffeur aussi,
jugeaient suffisante pour rentrer à Paris,
l'allure d'une voiture de ville et
d'un couple heureux. Les deux garçons et la
fillette parlaient de nous, nous regardaient
de loin en souriant, faisant même des
signes, changeant brusquement leurs visages en visages d'étrangers quand les
voitures nous rapprochaient à la distance
où nous n'étions plus que des inconnus.
À nouveau éloignés, ils redevenaient nos
amis, nos égaux, se battaient en riant
vers nous, étalaient orgueilleusement cette
enfance que de près ils sentaient sans
valeur, et qui, de loin, devenait notre propre
enfance, mutinée contre nous, et insaisis-
sable.
— Vous ne me quitterez jamais, Simon ?

— J'arrais, à partir son, dans des minutes.
Une fumée s'élevait en effet à l'horizon.
C'était un feu d'herbes ou Paris.

C'était Paris, enfoui dans l'occident, promesse de tout ce jour. C'étaient, dans la plaine, de longs hangars accolés, aux la plaine, de longs hangars accolés, aux plafonds secrets et lumineux dans le

crépuscule, sillons de l'Industrie. C'é-
tait Neuilly ! C'étaient des maisons
plates dont on voyait tout le secret par
les fenêtres ouvertes, et sur un des paliers
le visiteur qui tirait une cloche pendue
derrière la porte même, bruyante pour
lui seul, et qui frémissait devant ce
fracas, selon son caractère, d'impatience
ou de volupté. Puis le Louvre, ouvert au
bout de l'avenue comme un filet, ne
passe pour les échangers et les rois, mais
dont notre chauffeur sut s'évader par
les guichets et par des ponts. C'étaient
les Folies Marigny : un moineau nous
effleurait, vers lequel je tendais sans
le vouloir la main, comme vers un
arbre que le vent penche, comme vers
un geste. Puis, dans la rue peuplée,
c'était une fenêtre qui s'ouvrait, c'é-
tait un amant qui regardait, de la fenêtre

ouverte, partir son amante, son cœur.
Le trottoir était encombré, l'amante n'osait
se retourner vers l'amant ; elle passa, — ce
fut son adieu, — sur l'autre bord, pour qu'il
la vît plus longtemps, et plus seule. Nous attendions, arrêtés par la foule. Des camelots cri-
aient les journaux du soir et invitaient
d'en bas l'amant à les acheter. Il ne répondait pas... La rue était d'argent, de feu ; il
mettait tout à contempler ses pavés ici
ruisselants, là-bas près d'une pharmacie tout
verts, plus loin sous la lune givrés. — Quelle
belle rivière, devait-il penser seulement,
quelle superbe prairie quel merveilleux gla-
cier ! Quelquefois, ô bonheur, du trottoir de sa maison une ombre se détachait
soudain des ombres, traversait et, ombre
prévenante, suivait pour le saluer, pour
nous saluer, la route de son amie..

Jean Giraudoux

*Achevé d'imprimer par Engelmann,
imprimeur-lithographe à Paris, le premier juin mil neuf cent vingt-quatre.*

www.ingramcontent.com/pod-product-compliance
Lightning Source LLC
LaVergne TN
LVHW020007180726
843503LV00008B/3853